AF245806

LA
DERNIÈRE TRANSFORMATION

DE

BASILE

PAR

ERNEST BOTTARD

Ancien élève de l'école polytechnique

CHATEAUROUX

TYPOGRAPHIE ET STÉRÉOTYPIE A. NURET ET FILS

—

1878

L 57 b
6722

LA DERNIÈRE

TRANSFORMATION DE BASILE

57
Lb
6722

CHATEAUROUX. — TYPOGRAPHIE ET STÉRÉOTYPIE A. NURET ET FILS.

LA
DERNIÈRE TRANSFORMATION

DE

BASILE

PAR

ERNEST BOTTARD

Ancien élève de l'école polytechnique

CHATEAUROUX

TYPOGRAPHIE ET STÉRÉOTYPIE A. NURET ET FILS

—

1878

BIBLIOTHÈQUE NATIONALE
IMPRIMÉS

DÉPÔT LÉGAL
Indre
N° 15
1878

LA DERNIÈRE
TRANSFORMATION DE BASILE

Il fait nuit noire, étoiles, lune, tout a disparu ; nous sommes emportés par un tourbillon immense. Montons-nous, descendons-nous, il est impossible de le savoir ; au fond, du reste, c'est la même chose. Résister est impossible ; pluie, vent, font rage autour de nous ; les nuages s'amoncellent et deviennent de plus en plus sombres. De temps en temps de sourds grondements se font entendre dans le lointain, des plaintes, des murmures sans nom semblent partir de profondeurs inconnues. Des lueurs phosphorescentes apparaissent et disparaissent tour à tour. Entraîné malgré nous dans ces espaces mystérieux, ballotté en tous sens, traversant tantôt des colonnes d'air glacé, tantôt des vapeurs étouffantes, nous avançons avec une rapidité fantastique.

Tout à coup, le sombre rideau de nuages qui nous enveloppe de toutes parts est déchiré par des lueurs étincelantes, et un horizon sans limites se déroule devant nous. Partout des flammes, à travers lesquelles courent, volent des figures, des êtres étranges, poursuivis par d'autres êtres plus étranges encore. Des cris, des pleurs, des grincements de dents, des rires diaboliques impossibles à décrire, se mêlent, s'entre-croisent et sont dominés de temps à autre par l'horrible pétillement de ce brasier infernal. C'est l'enfer, en effet, le doute n'est plus possible. Nous sommes vivant, cependant, et bien vivant ; or, l'enfer n'est, en général du moins, accessible qu'aux trépassés, encore faut-il qu'ils aient commis des crimes épouvantables. En cherchant dans nos souvenirs, nous ne trouvons rien de bien grave à nous reprocher ; pourquoi sommes-nous donc précipité dans ces abîmes brûlants? Ce voyage ne manque pas d'intérêt sans doute, mais se promener ou plutôt courir au milieu de flammes bleues, vertes, rouges, de toutes les couleurs, est une idée qui ne peut entrer dans la tête d'un pauvre mortel. C'est d'ailleurs contraire à tous les principes hygiéniques. S'il ne fallait que faire demi-tour, la chose serait bientôt faite ; mais, hélas ! cette liberté dont on parle tant sur la terre, et que l'on pratique si peu, ne nous est pas laissée ; il nous faut marcher ou plutôt tomber dans ces gouffres épouvantables. — La chaleur devenait insupportable et déjà nous nous sentions très-disposé à imiter les cris sauvages des habitants de ces lieux maudits, quand soudain un courant d'air frais et bienfaisant se fît sentir derrière nous. En tournant la tête, nous aperçûmes un de ces êtres étranges dont nous avons parlé. Il nous suivait en agitant rapidement ses sombres ailes.

« Ne tremble pas, chétif habitant de la terre, nous dit-il, tu ne dois pas rester dans ces régions infernales ; c'est là probablement ta destinée comme celle de la plupart de tes semblables ; mais ton heure n'est pas encore venue. Pour obéir aux ordres souverains de Satan, j'ai dû aller chercher sur ta misérable planète l'un des indigènes les plus naïfs et les plus idiots qu'il me fût possible de rencontrer. Or, je t'ai trouvé en extase devant une espèce de colonnette surmontée d'un lampion fumeux, ornement le plus stupide, le plus inutile que l'on puisse mettre sur une place publique et je t'ai emporté avec moi dans un tourbillon ».

Il disait vrai, nos souvenirs devenaient plus nets ; c'était bien sur la place du Marché-au-Blé de cette bonne ville de Châteauroux, qu'arrêté en contemplation devant cette espèce de phare dont l'idée n'a pu germer que dans la cervelle plus ou moins détraquée d'un ou de plusieurs de nos édiles, nous avions été saisi et enveloppé par cette horrible tempête. Seulement, l'habitant de l'enfer s'était complétement trompé sur la nature de nos réflexions.

La place, pensions-nous, est assez bien éclairée par toutes les boutiques qui l'entourent ; à quoi sert ce reverbère maussade qui produit un effet si malheureux ? Si cette place était une mer, si cette mer était parsemée de rochers et sillonnée par de nombreux navires, nous comprendrions à la rigueur l'existence d'un phare. Mais non ; navires, mer, rochers sont absents ; on n'aperçoit de temps à autre que quelques sacs de blé. N'aurait-il pas mieux valu placer au milieu de ce quadrilatère plus ou moins régulier une statue, une fontaine d'eau jaillissante, quand cette dernière n'aurait dû servir qu'à désaltérer tous les chiens d'alentour ?

En ce moment, les mots « République française »

flamboyaient sur les murs de l'hôtel-de-ville. A quoi bon, ajoutions-nous, ces lettres géantes pour indiquer une forme de gouvernement sur un monument municipal. La dépense est minime, sans doute, mais elle n'en est pas moins absurde. On doit admettre, en effet, que dans une ville il y a bon nombre de gens qui ne sont pas républicains, et il est injuste de les faire participer à cette dépense que rien ne justifie, et dont le moindre défaut est d'entraîner à des grattages et à de nouvelles inscriptions si la forme du gouvernement vient à changer. Ces lettres, d'ailleurs, sont-elles un ornement? Non, mille fois non ; c'est tout le contraire, car, en passant, on se demande si ce palais municipal, fort laid du reste, est une boutique ou un magasin surmonté d'une enseigne ou d'un écriteau. Ah ! mes pauvres radicaux, que vous avez peu le sentiment du beau ! En écrivant partout le mot République, on dirait vraiment que vous doutez de son existence, et que vous avez peur de la voir disparaître à chaque instant. Soyez donc plus confiants, la République durera, mais vous, vous disparaîtrez ; l'intelligence politique vous manque.

Plus loin, vous élevez une halle couverte ; c'est une construction d'une incontestable utilité et dont le besoin se faisait sentir depuis longtemps ; mais pourquoi la mettez-vous sur une petite place que vous réduisez à néant et vis-à-vis de la mairie, qui est masquée et écrasée. Ne pouviez-vous acheter une ou deux maisons en face même de la rue qui joint les deux places, et y établir votre halle, qui ne manque pas d'élégance et qui, vue ainsi de fort loin, aurait produit un tout autre effet.

Quand on fait une dépense utile, il faut chercher à la faire servir à l'embellissement d'une cité, et il y a toujours économie à faire de suite les choses largement et convenablement.

Nous allions continuer ; malheureusement notre ange gardien, ennuyé probablement de nos réflexions saugrenues, s'était éloigné, et le messager de Satan, profitant de l'occasion, nous avait saisi et emporté avec lui dans l'espace. Malgré le mauvais tour qu'il nous avait joué et la triste opinion qu'il avait de notre intelligence, nous commencions à ne plus trop lui en vouloir. Parmi les diables, comme vous le savez, il y en a de bons et de mauvais, et notre sombre compagnon n'avait réellement pas trop mauvaise mine. Il nous protégeait contre ses confrères, qui venaient déjà de temps à autre voltiger autour de nous, et d'ailleurs il agitait si consciencieusement ses ailes, qu'il aurait fallu avoir un bien mauvais caractère pour ne pas être touché d'une attention aussi délicate. Enfin, il est bon d'avoir des amis partout, même en enfer : on ne sait pas ce qui peut arriver. Le difficile était d'entamer la conversation ; ce démon, malgré ses défauts, car il devait en avoir, n'était pas bavard et semblait peu disposé à lier connaissance avec un simple mortel qu'il méprisait souverainement. Que lui dire ? De quel nom l'appeler ? Bah ! en pareille circonstance, le mieux est de ne pas trop réfléchir, car à force de réfléchir, on finit toujours par dire ou par faire quelque sottise. Prenant donc notre courage à deux mains : « Puissant esprit des ténèbres, lui dîmes-nous, est-il permis à un pauvre mortel de t'adresser quelques questions ?

— Esprit des ténèbres ! nous répondit-il avec un rire moqueur, le mot est assez mal choisi ; regarde, le lieu que j'habite me paraît un peu mieux éclairé que la place où je t'ai pris. Un de tes poètes, sans doute, a trouvé cette expression, et comme elle est absurde, elle a été adoptée avec enthousiasme. Questionne du reste, si tu veux ; je répondrai peut-être ; car que faire en voyage, à moins que l'on ne parle ? »

Il connaissait son La Fontaine, c'était un diable lettré ; nous commencions à nous sentir un peu plus rassuré.

« Pourquoi nous as-tu emporté ?

— Je te l'ai déjà dit, pour obéir à Satan.

— Que nous veut-il, Satan ?

— Curieux.

— On le serait à moins, surtout quand on fait un voyage aussi désagréable.

— Ingrat ! tu te plains ! J'ai pour toi les attentions les plus délicates ; je te protége contre les diablotins mes collègues ; je te couvre de mes ailes, et je t'évente comme si tu étais une petite-maîtresse. Tu vois et tu vas voir des choses inconnues à tes semblables. Paris même, avec sa fameuse exposition dont il fait tant de bruit, ne saurait te montrer un pareil spectacle. Et puis, pas d'argent à dépenser, tu seras logé et surtout chauffé pour rien. »

Le démon était de bonne humeur, il plaisantait, il fallait en profiter pour avoir quelques explications.

« Mais pourquoi avoir choisi un idiot, un imbécile, au lieu d'un être intelligent, pour l'apporter à ton maître ?

— Ah !... voilà.

— Allons ! sois bon diable, explique-nous cela.

— Je le veux bien, mais à une condition.

— Laquelle ?

— Tu me diras le nom de l'inventeur du phare.

— Hélas ! nous l'ignorons.

— Voilà bien les humains ! Un ou plusieurs hommes de génie se dévouent pour leurs semblables, passent les nuits, les jours, à inventer les choses les plus belles et les plus utiles, et leurs noms, qui devraient être dans toutes les bouches, restent complétement ignorés. Quelle ingratitude ! Après tout, je suis diable, et je dois t'approuver. En faveur donc de ton manque de reconnaissance, je vais te donner quelques renseignements. Écoute :

» Tu sais tout aussi bien que moi, car cet événement fit dans le temps quelque bruit dans le monde, que Satan, ou plutôt Lucifer, osa lutter contre Dieu son créateur. Vaincu, chassé du ciel, dépouillé de sa gloire, il fut précipité dans les enfers. Tous les anges rebelles qui avaient partagé sa faute et sa disgrâce le reconnurent pour souverain. Loin de céder, il éleva sceptre contre sceptre; ne pouvant être le génie du bien, il devint le génie du mal, et dès lors il employa tous ses soins, toute son intelligence, à égarer les mortels et à les entraîner dans les abîmes où il commande en maître. S'il fallait mesurer la puissance au nombre des sujets, il serait plus puissant que son Créateur; mais hélas ! Dieu sera toujours Dieu, l'éternelle vérité, l'éternelle lumière, et une sombre expression de tristesse, peut-être de repentir, se répandit sur le visage de l'ange déchu. Elle ne dura qu'un instant, l'orgueil reprit le dessus. Qu'importe, après tout, reprit-il, notre empire s'étend sur tout l'univers. Autour de chacune de ces étoiles dont la main toute-puissante du Créateur a parsemé l'infini, circulent de nombreuses planètes ; eh ! bien, les trois quarts des créatures intelligentes qui ont habité et qui habitent ces planètes ont reconnu et reconnaissent encore nos lois. Aujourd'hui Satan dans son conseil doit s'occuper exclusivement de la terre ; tu as été amené pour comparaître devant lui et lui donner au besoin quelques renseignements ou explications. Un idiot lui convient mieux qu'un individu intelligent, et il y a pour cela une foule de bonnes raisons. Le dernier, en effet, après avoir vu ce qui se passe aux enfers, se déciderait difficilement à y revenir pour y rester ; le second éprouvera peut-être la même répugnance, mais peu importe, car il est perdu pour nous, s'il faut en croire du moins ces paroles de l'Évangile : « Heureux les pauvres d'esprit, le royaume des cieux leur appartient. » Enfin nous tenons à ce que les journalistes, qui mettent le nez partout, ne se mêlent pas de nos affaires et qu'ils n'en voient pas surtout leurs reporters jusque dans les enfers pour y chercher des articles à sensation. Cela arriverait infailliblement si un homme d'esprit venait à raconter ce qu'il a vu. Quant aux imbéciles, ils peuvent dire tout ce qu'ils voudront, cela nous est parfaitement égal. On ne les croit pas, et leurs médecins ne manquent jamais d'attribuer à une mauvaise digestion ou à un cauchemar, les histoires effrayantes qu'ils débitent sur notre compte ; ils leur font avaler de gré ou de force une ou deux pilules, et tout est dit.

» J'ai déjà amené pas mal de monde à Satan; j'avoue que je me suis trompé quelque fois, car, paresseux de ma nature, au lieu de chercher, je me contente de prendre le premier venu, étant à peu près sûr de mettre la main sur l'homme qu'il me faut. Cependant, par précaution, j'ai le soin d'avertir mon prisonnier du rôle qu'il doit remplir, en le prévenant que s'il s'en écarte, à la place d'un protecteur il aura en moi un ennemi acharné. Si notre souverain venait en effet à s'apercevoir de ma négligence, il me supprimerait sans pitié les deux mois de congé auxquels j'ai droit toutes les fois que je suis appelé à remplir une pareille mission. Or, cette année, j'ai l'intention d'aller flâner un peu et visiter votre grande exposition, pour m'amuser de l'humaine bêtise, la seule chose qu'on ait oublié d'exposer. Tu m'as compris, n'est-ce pas? Du reste, je m'arrangerai, comme je l'ai fait déjà pour tes prédécesseurs, de manière à ce que tu sois peu ou pas interrogé. »

Le démon, après avoir reçu l'assurance de notre entier dévouement et de notre entière obéissance, se montra charmant et diable de bonne compagnie. Nous devînmes dès lors les meilleurs amis du monde; il me promit de me faire voir tout ce qu'il pourrait, et se mit à me raconter une foule d'histoires toutes plus amusantes les unes que les autres. Ces histoires, nous vous les dirons une autre fois, car nous voici arrivés; nous mettons le pied sur le sol infernal, et nous avons pour le moment bien autre chose à faire et à penser. Assailli d'un côté par une foule de trépassés qui, reconnaissant en nous un de leurs semblables, voulaient absolument obtenir des nouvelles de la terre; de l'autre,

par une trentaine de diablotins, les plus mauvais garne-
ments de l'enfer, qui ne parlaient déjà de rien moins que
de nous faire cuire, bouillir, etc.; nous étions dans le
plus grand embarras. Heureusement notre guide vint
à notre secours. D'un geste menaçant il dispersa la foule
des trépassés, et après avoir essayé de parlementer
avec ses collègues, voyant qu'ils persistaient dans leurs
intentions hostiles à notre égard, il se contenta de tirer
de son sein le firman qu'il avait reçu de Satan, et l'éle-
vant au-dessus de sa tête, à la manière orientale, il les
força à s'incliner devant lui et de nous livrer passage,
ce qu'ils firent avec la mauvaise grâce la plus par-
faite.

« Tu vois, me dit-il, qu'entrer dans les enfers n'est
pas bien difficile, on n'est pas toujours reçu avec une
très-grande cordialité, mais enfin il y a loin d'un petit
désagrément qu'il faut subir, à toutes ces histoires
effrayantes qui ont été racontées. Tu as entendu parler
de Virgile et du Dante ; c'est moi qui les ai introduits et
guidés dans ces parages, il y a quelques centaines d'années. En ont-ils débité des mensonges, des contes, tous
plus absurdes les uns que les autres, et dire qu'ils n'ont
pas même eu un mot gracieux pour moi qui les ai com-
blés d'attention. En revanche, Virgile parle de Caron, de
Cerbère, de l'Achéron, du Styx, du Lethé, de Sisyphe,
de Tantale, que sais-je ! Où a-t-il vu tout cela ? Menteur
et poète, c'est tout un. Je n'ai pu, hélas ! le faire mettre
dans l'une des grandes marmites de l'enfer ; il est seulement en purgatoire. On lui a accordé des circonstances
atténuantes, d'abord parce que son récit est amusant
et ses vers harmonieux, mais surtout parce qu'il a eu le

soin de mettre tous ses contes sur le dos de ce brave
Énée, qui, mort depuis longtemps, ne pouvait le con-
tredire. Quant au Dante, c'est différent; il est en notre
pouvoir. Plus menteur encore que son prédécesseur,
c'est en outre un méchant homme, d'un caractère dé-
testable. Il maudit sa patrie parce qu'il est exilé, il pour-
suit ses ennemis d'une haine implacable, il prétend
même les avoir vus tous en enfer, ce qui est faux, je ne
lui en ai montré aucun. As-tu lu son poème? Non, eh! bien,
tant mieux pour toi; il est obscur et ennuyeux au su-
prême degré. Un jour que j'avais été mis aux arrêts
pour je ne sais quelle peccadille, j'ai eu l'idée d'ouvrir
son livre. Hélas! je n'ai pu aller jusqu'au bout, j'ai dû
m'arrêter. Aussi mon premier soin, mes arrêts terminés,
a été de me mettre à sa poursuite à travers les enfers,
et de lui administrer la plus belle correction diabolique
qu'il soit possible d'imaginer, en lui répétant sur tous
les tons l'un des rares beaux vers que j'avais retenus:

Lasciate ogni speranza, voi che'ntrate!

» Sais-tu l'italien! Non. Eh! bien, je traduis à ton intention, il s'agit de la porte des enfers : « O vous qui
passez le seuil, laissez toute espérance.» Mais au diable
les poètes! espérer leur faire dire la moindre vérité
serait folie! Ils ont fait par les calomnies qu'ils ont répandues un tort immense à notre enfer qui, sous le
rapport de l'organisation, est sans contredit un établissement modèle.

» Rien de plus simple que notre manière d'opérer.
Tous nos pensionnaires sont rangés par catégorie et

étiquetés depuis le premier jusqu'au dernier. Au lieu d'appliquer à chacun d'eux un supplice différent, on les soumet tous à la même peine. On leur fait prendre, suivant la gravité de leurs fautes, un ou plusieurs bains de feu dans de grandes marmites qui remplacent avantageusement les baignoires. Ils y sont conduits par escouades, sous la surveillance de quelques diablotins chargés, avec leurs grandes fourches, de les retourner de temps à autre afin de les faire rôtir également de tous les côtés. C'est alors qu'ils poussent ces cris désagréables qui nous assourdissent. Une fois leur bain pris, nos pensionnaires n'ont plus qu'à dormir, sauf quelques petits désagréments que nous avons soin de leur ménager dans l'unique but de les occuper.

» Tiens ! prenons cette grande rue, elle fait partie de la section terrestre ; le chemin est un peu plus long, mais nous sommes en avance, le conseil infernal ne se réunira guère avant une heure ; d'ici là, nous pouvons nous promener et voir. Regarde à droite et à gauche de la rue tous ces gens affairés ; les uns écrivent, les autres parlent. Les premiers sont des notaires qui rédigent et rédigeront pendant toute l'éternité ces actes de vente ou autres qui, faits trop à la hâte et avec négligence, servent de base à tous les procès présents, passés et futurs. Les seconds sont des avoués qui, faute de clients, se donnent réciproquement des consultations et plaident les uns contre les autres ; il faut bien faire quelque chose en attendant l'heure du bain.

» Ne t'arrête donc pas ainsi devant tous les compartiments ; nous n'en finirions jamais. D'ailleurs, je t'indiquerai en passant toutes les curiosités de la rue. Vois-tu là-bas ces âmes pâles, amaigries, jaunes, livides, entourées par une foule de trépassés qui vont, viennent, et se renouvellent sans cesse ? Eh ! bien, ce sont les âmes de médecins qui, abusant de leur diplôme, au lieu de guérir, ont envoyé dans l'autre monde tous les pauvres diables que la mauvaise chance a fait tomber entre leurs mains. Ils sont à leur tour soignés par leurs victimes, et ont chacun des centaines de médecins. Ils sont purgés, saignés, drogués continuellement, et ce qu'il y a de plus épouvantable, c'est que moins heureux que leurs anciens clients, ils ne peuvent plus mourir.

» Ah ! voilà un compartiment qui ne manque pas de pensionnaires. Ils sont empilés les uns sur les autres comme des harengs dans un tonneau, et à chaque instant une nouvelle couche s'ajoute à la dernière. Pour peu que cela continue, ils atteindront bientôt une hauteur fantastique. Ce sont les mauvais domestiques : l'espèce femelle domine. Par contre, au ciel, le compartiment analogue destiné aux bons serviteurs est presque désert. Aussi notre ministre des finances a eu déjà plusieurs entrevues avec son collègue céleste, lui demandant que les 3/4 du crédit porté au chapitre des dépenses afférentes aux domestiques, soit alloué au budget infernal. Rien de plus juste qu'un pareil virement de fonds, et cependant l'affaire traîne en longueur. Pendant ce temps-là, les couches s'ajoutent aux couches, et les vieilles couches, c'est-à-dire celles qui servent de base à la colonne, souffrent, étouffent, et sont pour ainsi dire réduites à néant. Ma foi, tant pis pour elles, elles l'ont bien mérité.

» Ces deux compartiments qui se touchent sont affectés

BIBLIOTHÈQUE NATIONALE — IMPRIMÉS

3

l'un aux avocats, l'autre aux vieilles dévotes. Légistes et religieuses sont constamment en querelle les uns avec les autres. Tous les jours, il y a trois ou quatre grandes batailles, sans compter les escarmouches; les chignons, les toques, les bonnets volent à tous les vents. Les avocats ont plus d'un tour dans leur sac, mais ils ont dans presque toutes ces rencontres un désavantage marqué. Tiens, vois-tu cette vieille jaune, sèche, ratatinée, nonchalamment assise près des confins de ses domaines. Elle a les yeux modestement baissés, ses mains sont jointes comme si elle était à l'église, ses lèvres remuent, elle semble prier.... le diable probablement; à la voir, on lui donnerait le bon Dieu sans confession. Somme toute, elle n'est occupée que d'une chose, elle guette en ce moment ce jeune avocat qui s'avance vers elle à pas de loup et dans d'assez mauvaises intentions. Silence! ne la trouble pas. Les voilà aux prises.... Parbleu! j'en étais sûr, la femelle est indemne et l'avocat se retire avec un œil de moins et la moitié de la joue arrachée. C'est bien fait, pourquoi est-il assez naïf pour s'imaginer qu'une vieille dévote peut dormir quant il y a une mauvaise action à commettre.

» A droite et à gauche, tu aperçois deux impasses. Celle de droite est sombre, triste; tous les trépassés et même les diables et diablotins s'en écartent avec horreur. Aucun cri, aucun bruit ne se font entendre. Les âmes qui l'habitent sont plongées jusqu'au cou dans un liquide rouge, écumant, qui leur monte de temps à autre jusqu'aux lèvres. Ce liquide est du sang humain dont tu dois d'ici sentir l'odeur âcre et nauséabonde. Ces âmes sont celles de Robespierre, de Marat, de Couthon, de

Lebon, et de tous les révolutionnaires de 93, qui, froidement, par calcul, sans pitié, sans haine, ont voulu fonder un système de gouvernement en marchant sur des cadavres, et en érigeant à l'état de principe la guillotine, c'est-à-dire la coupe réglée et continuelle des têtes humaines. Tout diable que je suis, ces gens-là me font horreur ; ils sont maudits par Dieu et par Satan lui-même. Éloignons-nous, ils sentent le sang, ils m'écœurent.

» Combien j'aime mieux ces braves anthropophages qui sont dans l'impasse de gauche. Regarde-les avec leurs couronnes de plumes, armés de leurs arcs et de leurs lances, ils attaquent franchement leurs ennemis, les tuent, les mangent et les digèrent. Tu fais la grimace, manger ses semblables te paraît épouvantable; c'est une affaire d'éducation, mon cher ami, car enfin tu manges journellement du bœuf. Que t'a-t-il fait, ce pauvre animal ? Depuis sa naissance il n'a cessé de te rendre services sur services, et cependant tu l'abats et tu en fais des côtelettes. Les sauvages, en dévorant leurs ennemis au lieu de les laisser pourrir, sont vingt fois moins cruels et plus logiques que vous autres, gens civilisés. Vous en êtes arrivés à mettre en ragoût le cheval, ce noble compagnon de l'homme ; gare au chien, son fidèle ami ! Quelle triste engeance que cette espèce humaine. Mais tu me fais bavarder et l'heure sonne. En face de nous se trouve la rue des poètes, des journalistes, des peintres, des musiciens. Que de jolies choses j'aurais à te montrer ! Mais nous n'avons pas un instant à perdre, allons ! partons. » Et nous saisissant dans ses bras robustes, il nous enleva, et quelques secondes après, nous étions assis dans la grande salle du conseil infernal.

Il avait dit vrai; tous les conseillers et ministres étaient déjà réunis ; on n'attendait plus que Sa Majesté Satan. En jetant un coup d'œil sur l'assemblée, nous aperçûmes non loin de nous Basile, reconnaissable à son grand chapeau ; Voltaire au sourire railleur, et une foule d'autres personnages qu'il nous semblait reconnaître, mais qu'il nous aurait été impossible de nommer. Nous étions à peine revenu de notre étonnement lorsque le roi des anges déchus, entouré de ses principaux officiers, fit son entrée solennelle. Au lieu de ce monstre horrible sous la forme duquel les peintres et les poëtes ont coutume de le représenter, nous avions devant nous un être resplendissant de beauté et de perfection. Une longue robe d'un rouge pourpre l'enveloppait de ses plis majestueux, ses ailes, formées de deux rayons de flamme, étaient à demi déployées ; de chaque côté de son front jaillissaient des aigrettes éblouissantes, sa main tenait le sceptre de feu, emblème de son commandement. Ses traits présentaient un mélange indicible d'orgueil et de tristesse. C'était bien le Lucifer des livres sacrés, celui qui, dans le ciel, venait immédiatement après Dieu, et qui avait mieux aimé être le premier dans les enfers que le second dans le royaume céleste. Tous les anges déchus qui l'entouraient, sans avoir la sombre majesté de leur souverain, avaient avec lui la plus grande ressemblance. En tournant les yeux vers le diable notre protecteur, nous nous aperçûmes que lui aussi avait fait peau neuve. Il avait mis de côté sa queue, ses cornes, ses griffes, et nous apparaissait sous les traits d'un beau jeune homme ; mais sa figure, comme celle de tous ses collègues, portait le stigmate indélébile de la réprobation céleste. Nous allions lui adresser la parole, quand, mettant un doigt sur ses lèvres, il nous fit signe de garder le silence. Satan montait en effet lentement les degrés du trône, et promenant ses regards sur l'assemblée, il allait tout bonnement, comme un simple mortel, sénateur ou député, prononcer quelques paroles bien senties. Le système parlementaire serait-il donc une invention diabolique ? Mais trêve de réflexions, écoutons.

« Frères bien-aimés, disait le royal orateur, vous qui, comme moi, avez mieux aimé souffrir et quitter pour toujours les demeures célestes, que de vous incliner devant la volonté tyrannique du Créateur, je vous ai réunis pour vous exposer la situation de nos affaires sur cette planète que l'on appelle la terre. Elle est, il est vrai, l'une des plus petites parmi toutes celles qui peuplent le firmament, elle ne peut donc avoir pour nous qu'une importance secondaire. Cependant, nous ne devons négliger aucun détail si nous voulons arriver à mener à bonne fin l'œuvre que nous avons entreprise, c'est-à-dire si nous voulons attirer à nous tous les êtres intelligents, et leur faire insulter et maudire ce Dieu qu'ils devraient adorer et bénir. La dernière fois que nous nous sommes occupés de la terre, c'était, si nos souvenirs sont exacts, en l'an 1789. Une révolution venait de s'accomplir dans un petit coin de cette planète, dans un pays nommé France, que j'ai dû, dans ces circonstances exceptionnelles, aller visiter plusieurs fois. Tout semblait assurer le succès de cette révolution, succès qui devait ouvrir à tous les peuples une nouvelle ère de prospérité et de bonheur. Des hommes généreux et intelligents en avaient pris la direction ; un roi, l'un des meilleurs et des plus honnêtes qui aient jamais porté ja couronne, gouvernait la France ; enfin, les grands seigneurs contre lesquels elle était dirigée prenaient eux-mêmes l'initiative et sacrifiaient, dans une mémorable séance, leurs droits, leurs honneurs, leurs priviléges sur l'autel de la patrie. Le danger était pressant, il fallait à tout prix faire avorter tous ces beaux projets, sous peine de perdre une bonne partie des sujets que la terre nous fournit annuellement.

» Nous nous mîmes tous à l'œuvre: la bonté du roi devint de la faiblesse, la générosité, le patriotisme des grands seigneurs furent méconnus, les républicains modérés qui réunissaient le savoir, l'intelligence à l'honnêteté manquèrent de fermeté et furent annihilés par des gens despotes et incapables. La violence, l'injustice, le pillage, les massacres furent employés comme moyens de gouvernement. La Terreur fut proclamée, et une mer de sang s'étendit sur toute la France, entraînant dans ses flots rouges presque tous ceux qui, de près ou de loin, avaient participé à cette révolution. Un soldat couronné surnagea au milieu de tous ces débris, et après avoir promené ses aigles victorieuses de capitale en capitale, il vint lui-même tomber et mourir sur un rocher désert. Quelque bien, quelques idées généreuses furent sans doute réalisés ; il nous fut impossible de l'empêcher ; mais qu'il y a loin de ce qui fut à ce qui aurait pu être. Les résultats d'ailleurs furent pour nous satisfaisants, car jamais foule plus nombreuse ne s'était pressée aux portes des enfers. Depuis ce temps, absorbé par mille autres soins, j'ai perdu de vue ce qui s'est passé, mais notre frère, que j'ai chargé spécialement de surveiller le globe terrestre, va nous indiquer la suite des événements qui se sont accomplis, l'état présent de nos affaires, et enfin les remèdes ou les moyens qu'il pourrait être. nécessaire d'employer pour les faire prospérer et les mener à bonne fin. »

C'était un nouveau discours qui s'annonçait, et à part le bon ton, la logique, l'intelligence, la raison, qui semblaient régner dans cette assemblée diabolique, on aurait pu se croire à la Chambre des députés.

Le frère ou l'ange désigné s'inclina devant Lucifer et devant l'assemblée et commença en ces termes :

« Après la défaite du soldat couronné dont Sa Majesté vient de vous parler, toutes les nations de l'Europe, qui s'étaient réunies contre le grand homme, rendirent le trône de France aux descendants des anciens princes. Deux frères du roi martyr régnèrent successivement. Le premier, sceptique, prudent, avisé, mourut tranquillement dans son palais, n'ayant eu d'autre souci que de contenir dans de certaines limites la réaction violente qui s'était opérée en sa faveur. Le second, moins habile, aux idées plus étroites, se trouva en présence d'un peuple déjà fatigué de quelques années de repos ; il fut emporté par la tourmente révolutionnaire et mourut en exil. Un membre de sa famille, le chef de la branche cadette, lui succéda.

» Ce prince donna l'exemple de toutes les vertus domestiques ; roi bourgeois par excellence, à part quelques défauts inhérents à la nature humaine, il se montra à la hauteur de sa tâche et sut assurer à son pays de longues années de calme et de prospérité. Un beau jour cependant, traité de tyran, il fut renversé comme son prédécesseur, et les auteurs de cette révolution aussi imprévue que stupide, auraient été bien en peine de donner la moindre raison pour justifier leur sotte entreprise. Une seconde République fut proclamée, mais elle vécut ce que vivent les roses ; les républicains ayant pris la direction des affaires, nous n'avions plus qu'à laisser marcher les événements. On proclama le droit au travail et l'on passa de la théorie à l'application. Des ateliers nationaux furent créés, les ouvriers touchèrent leur solde régulièrement, refusèrent de travailler et se transformèrent enfin en émeutiers. Bref, cette seconde République fut suivie d'un second empire qui, après avoir donné à la France pendant une vingtaine d'années gloire et prospérité, sombra à son tour après une guerre terrible et des désastres épouvantables. Une troisième République s'est établie, elle dure depuis huit années, et c'est sur cette situation fâcheuse, et pouvant avoir, au point de vue de nos intérêts, de graves conséquences, que je me propose d'appeler toute votre attention.

» La République, c'est-à-dire le gouvernement de tous par tous, est le gouvernement logique, rationnel par excellence. Il peut conduire, s'il est bien appliqué, à la suppression de tous les abus, de la guerre même, et donner aux peuples le bonheur relatif qu'il leur est permis d'atteindre. Il nous faut donc, dans notre intérêt, empêcher à tout prix l'établissement définitif de cette République. Malheureusement nous sommes dominés par des circonstances tout à fait exceptionnelles, que la volonté du Créateur a fait surgir, et qui semblent assurer à cette forme de gouvernement une stabilité difficile à ébranler. C'est pour arriver à vous faire bien saisir cette situation tout à fait extraordinaire que j'ai dû, par un résumé succinct et rapide, vous raconter les derniers événements qui se sont passés en France. Dans ce pays, c'est un fait incontestable, la majorité intelligente aime peu ou point la République; elle la verrait disparaître avec plaisir, si elle pouvait mettre autre chose à sa place.

Comme nous vous l'avons dit, trois familles ont régné successivement, et ont laissé dans le pays des racines plus ou moins profondes. De là trois partis : les légitimistes, les orléanistes, les impérialistes. Se jalousant les uns les autres, aucun d'eux n'est assez puissant pour imposer sa volonté aux deux autres réunis et aux républicains, et chacun de ces partis aime beaucoup mieux le triomphe de la République que le triomphe d'un de ses rivaux. C'est ce qui fait que cette forme de gouvernement dure déjà depuis huit années, malgré les sottises et les folies des radicaux qui, avec une adorable naïveté, attribuent ce succès à leurs vertus, à leur sagesse et aux talents de leurs hommes d'État. Quoi qu'il en soit, cette situation est mauvaise, nos intérêts exigent que cette République disparaisse. Pour la renverser, nous ne pouvons guère compter sur les conservateurs par suite de leurs dissensions ; nous n'avons donc plus qu'un moyen, moyen, du reste, qui nous a déjà réussi deux fois, c'est de donner un pouvoir absolu à nos braves radicaux. Cette race républicaine, donnant la main d'un côté aux socialistes, de l'autre aux modérés, est bien la plus sotte et la plus mauvaise engeance qui ait jamais existé. Elle possède à elle seule tous les défauts des autres partis. Elle brille en effet par l'ignorance, l'injustice, l'hypocrisie, le despotisme, l'amour des places et des panaches, l'envie haineuse et méchante, et surtout par une incapacité hors ligne. Elle fera époque, et dans la suite des temps, le mot *radical* deviendra la plus grande injure qu'il soit possible d'adresser à un ennemi. Créée par nous, élevée, dirigée avec un soin infini, elle arrivera à détruire cette République que Dieu, nous ne saurions trop le répéter, par les circonstances exceptionnelles qu'il a fait naître, a voulu donner à la terre.

D'après cela, la marche à suivre est évidente : nous devons appuyer ces radicaux, l'orgueil de l'enfer, par tous les moyens possibles, et les protéger jusqu'à l'entier épanouissement de leurs qualités diaboliques. Qui les sépare du pouvoir ? Le centre gauche. Les hommes qui forment ce parti sont pour la plupart de très-honnêtes gens, animés des meilleures intentions. Heureusement ces intentions sont annihilées complétement par leur faiblesse, leur complaisance indicible envers tous ces énergumènes socialistes et autres, et surtout par un amour effréné des places et des honneurs. Plutôt que de les perdre, ces honneurs et ces places, ils aiment mieux fermer les yeux, se boucher les oreilles, essayant de croire et de faire croire aux bons bourgeois dont ils sont les idoles, que ce sont eux qui dirigent au lieu d'être dirigés.

Ces hommes, en aveuglant la classe intelligente, nous ont rendu et nous rendront encore des services immenses ; ils poussent en effet tout doucement les populations vers l'abîme entr'ouvert. Il ne nous reste plus qu'un coup de levier à donner, et nous le donnerons en nous appuyant sur le suffrage universel. Ce suffrage, fort juste en lui-même, comme le droit au travail de M. Louis Blanc, devient, dans l'application, la machine diabolique la mieux organisée pour renverser et détruire. C'est le triomphe du nombre et de la bêtise sur l'intelligence. Prenez en effet une centaine d'humains au hasard ; vous y trouverez quatre-vingt-dix-neuf imbéciles et un homme raisonnable. La raison a donc une voix et la sottise quatre-vingt-dix-neuf voix. C'est là ce qu'on appelle le progrès. On crée des écoles, on s'efforce d'apprendre à lire et à écrire à la population, et on s'imagine que quand on aura obtenu ce résultat, tout ira bien et qu'il n'y aura plus qu'à se couronner de fleurs. Eh ! non, c'est tout le contraire. On aura donné tout simplement à la foule un instrument bon en lui-même, mais dont elle ne se servira que pour lire ces écrits stupides et incendiaires qui flattent ses passions, et que nous aurons soin de propager partout. Il y a bien quelques bons livres, mais ils sont ennuyeux et puis ils donnent des conseils au peuple souverain ; allons donc ! Laissons chanter aux jésuites ce refrain bien connu d'une chanson de Béranger: « Éteignons les lumières et rallumons le feu », et répétons avec les gens de progrès le même vers, mais légèrement modifié : « Rallumons les lumières et activons le feu. » Ces lumières, en effet, tant qu'elles ne consisteront qu'à savoir lire et écrire, sont et seront, avec le suffrage universel, nos auxiliaires les plus puissants. Quels pauvres insensés que ces humains ! Ils en sont arrivés à croire qu'en mettant entre les mains d'un ignorant une lunette excellente, ils en feront un astronome.

En suivant la marche que nous venons de tracer, notre succès paraît certain. Il ne saurait être compromis que dans un cas, cas qui a contre lui toutes les probabilités, mais qu'il faut cependant prévoir et examiner. Le centre gauche, comblé d'honneurs, détenant un pouvoir plus apparent que réel, s'est endormi rêvant que tout est pour le mieux dans le meilleur des mondes. Nous ferons en sorte que, jusqu'à la dernière heure, rien ne vienne troubler un songe aussi agréable ; mais enfin le réveil est possible. Si les modérés, effrayés par les bruits avant-coureurs de la tempête, sortaient de leur torpeur et montraient, contrairement à leurs habitudes, quelque courage, s'ils venaient à déclarer qu'ils se séparent à tout jamais des radicaux et des socialistes, s'ils formulaient un programme net, clair, que les honnêtes gens de tous les partis pussent adopter franchement et sans crainte, la République serait fondée. Acceptée, en effet, par les uns comme un bien, par les autres comme un mal nécessaire, elle ne trouverait plus que peu ou point d'opposition. C'est là, mes frères, ce que nous devons empêcher à tout prix, et pour y arriver, il nous faut brouiller tellement les choses et les idées, qu'au milieu du chaos que nous allons préparer, il soit impossible aux hommes et aux diables eux-mêmes de dissiper les ténèbres et de s'y reconnaître. Deux hommes, Basile et Voltaire, actuellement nos sujets et que nous pouvons renvoyer sur la terre, peuvent nous aider à obtenir ce résultat. Le premier représente le jésuitisme, le second l'esprit qui mine et détruit. C'est à vous, souverain des enfers, qu'il appartient de décider et de choisir. Je dois toutefois vous prévenir que Voltaire montre la mauvaise volonté la plus évidente. Il aime mieux, dit-il, rester dans notre empire et prendre régulièrement ses bains, que d'aller vivre au milieu des radicaux. Basile est plus accommodant. Ils sont présents du reste l'un et l'autre, et peuvent répondre à vos questions.

— Est-il vrai, Voltaire, dit Satan, que tu refuses de nous prêter aide et assistance ?

— Il est vrai, sire ; ma position serait trop pénible. J'ai de l'esprit, dit-on, je le veux bien ; mais un genre d'esprit qui me fait attaquer la sottise, les abus, la tyrannie. Or la sottise, les abus, la tyrannie sont pratiqués sur une large échelle par MM. les radicaux, je ne puis donc être l'allié de ces gens-là. D'ailleurs, je les déteste.

— Et pourquoi ?

— Parce qu'ils ont eu l'idée malheureuse de célébrer mon centenaire.

— Mais c'est une attention délicate dont tu devrais être reconnaissant.

— Reconnaissant ! vous en parlez bien à votre aise. Était-il possible de choisir plus mal le moment pour chanter mes louanges ? Quelques années à peine se sont écoulées depuis que la France, vaincue par la Prusse, a signé une paix désastreuse, abandonnant à sa rivale deux de ses plus belles provinces, et l'on vient me mettre en avant, moi, l'ami de Frédérick ! Toutes les flatteries, toutes les platitudes, car il faut dire le mot, que je lui ai adressées, ont été rappelées sans pitié par les adversaires de ces amis plus maladroits que l'ours de La Fontaine. S'ils m'avaient encore défendu, je pourrais peut-être leur pardonner! Ne pouvaient-ils pas dire par exemple que la puissance de Frédérick, tout grand homme qu'il était, ne pouvait se comparer à celle de la France, et qu'il était possible, à la rigueur, de chanter ses victoires sans insulter la patrie. Ah! bien oui, ils n'ont eu qu'une idée : faire de moi un athée en s'emparant de quelques paroles inconsidérées que j'ai prononcées, tandis que leurs ennemis, en suivant le même procédé, m'ont représenté comme ayant renié mon pays. Il n'y a pas là, vous en conviendrez vous-même, lieu d'être bien fier et bien satisfait. Je sens d'ailleurs le besoin de protester, car je suis resté, même en enfer, Français de cœur et d'esprit.

— Bravo! Voltaire, ces paroles, ventre-saint-gris! effacent toutes tes fautes, cria du fond de l'assemblée une voix avec un accent gascon très-prononcé.

— Et qui se permet de prendre la parole sans y être convié? dit Lucifer en se levant majestueusement.

— Parbleu! répondit le ministre de la police, c'est Henri IV, qu'il est impossible de maintenir dans le purgatoire; bravant flammes, diables et diablotins, il court après toutes les jolies femmes de l'enfer, et Dieu sait si elles sont nombreuses.

— Ayant appris qu'il allait être question de son pays, il s'est glissé probablement dans l'assemblée, mais je vais le faire...

— Attendez, n'aime-t-il pas avec passion les Français!

— Les Françaises surtout, dit Voltaire.

— Cela vaut mieux, ventre-saint-gris, l'ami, que de les traiter comme tu as traité cette pauvre Jeanne d'Arc.

— Tu as raison, je l'avoue ; j'ai commis là une mauvaise action, et elle laissera sur ma mémoire une tache ineffaçable.

— Silence ! audacieux humains, s'écria Lucifer. Que nous importe cette Jeanne d'Arc qui habite les cieux et vos sottes querelles. Pour te punir, Béarnais, de ta folle équipée, tu vas apprendre les tristes destinées que nous préparons à ta France bien-aimée. Eh ! bien, Basile, es-tu disposé à nous prêter ton concours et à servir nos projets ?

— Le plus humble de vos sujets, sire, est à vos ordres.

— Bien, mais as-tu réfléchi ? crois-tu pouvoir atteindre le but que nous nous proposons ?

— Oui.

— Comment ?

— La calomnie ! sire, la calomnie ! vous ne savez pas...

— Si, si, je sais, j'ai même vu jouer l'opéra de Rossini dans un de mes voyages sur la terre, et j'ai été charmé de la manière brillante dont tu chantes ce fameux air de la calomnie ; mais entre nous, voyons, la calomnie est un moyen bien usé.

— Usé ! non, non, tant qu'il y aura des sots et des méchants, c'est-à-dire tant que le monde existera, la calomnie unie au jésuitisme, à l'hypocrisie, triomphera de tous les obstacles.

— Ma foi ! ta conviction me gagne ; mais entrons dans

les détails : la Chambre des députés vient d'être dissoute, de nouvelles élections vont avoir lieu, comment feras-tu pour faire nommer nos radicaux bien-aimés ?

— Je calomnierai.

— Quel enragé ! explique-toi.

— Rien de plus simple : les radicaux ont pour adversaires le Maréchal, les ministres, et tous les gens qui sont plus ou moins conservateurs, c'est-à-dire l'immense majorité de la nation. Eh ! bien, je remporterai sur eux la victoire la plus éclatante.

— Quelle assurance !

— Je dirai que le ministère est bonapartiste. S'il veut maintenir les candidatures officielles, ce que j'espère, je crierai à la tyrannie, je parlerai de pression, de terreur. Le plus petit cabaret qui sera fermé, le plus infime voyou qui sera arrêté, le moindre fonctionnaire qui sera nommé, cassé ou déplacé, quels que soient les motifs, justes ou non, deviendront pour moi des armes terribles. Je dirai que le Maréchal est clérical, qu'il veut la guerre, le rétablissement du pouvoir temporel, et malgré ses dénégations indignées je continuerai à le répéter. Je le rendrai, lui et ses ministres, responsable des faillites, de l'inertie des affaires, de la ruine du commerce, de la pluie, du beau temps, de tout en un mot. Je dirai que les candidats conservateurs sont tous cléricaux ou bonapartistes et qu'ils veulent ramener la dîme et les abus de l'ancien régime. Toutes ces calomnies seront répandues par des milliers d'émissaires, par des milliers de journaux, et je les ferai pénétrer jusque dans les plus petites bourgades. J'exciterai la haine de l'ouvrier contre le patron, je pousserai cet ouvrier à demander, quelle que soit la crise commerciale, une augmentation de salaire et en même temps une diminution de travail ; je lui promettrai que le triomphe de la vraie République sera aussi le triomphe du socialisme dans toute sa beauté. Si, à la suite de ces excitations, des grèves et des révoltes se manifestent, j'en serai quitte pour les mettre sur le dos des cléricaux et des bonapartistes. »

Satan souriait : « Mais, reprit-il lentement, je te l'accorde, le suffrage universel te donnera une majorité écrasante ; tout cependant ne sera pas fini et il faudra compter avec le Maréchal et le Sénat.

— Un succès, sire, en amène toujours un autre. Les conservateurs, déjà très-divisés entre eux, après notre victoire abandonneront le Maréchal, et quelques-uns d'entre eux iront même jusqu'à l'accuser ; il n'aura donc plus qu'à subir nos volontés. Dès lors tout devient facile. La majorité radicale validera en un jour ou deux tous ses amis sans exception, même ceux qui n'auront eu qu'une voix de majorité et qui auront profité de toutes les calomnies que nous aurons répandues. Cela fait, la Chambre sera constituée et se livrera à un second travail : elle invalidera l'élection de tous ses ennemis, quelques-uns cependant trouveront grâce devant nous, car il importe de ne pas trop braver l'opinion publique. Si cependant les premiers invalidés ne sont pas réélus, et nous ferons en sorte qu'il en soit ainsi, nous ne garderons plus aucune mesure, nous renverrons devant les électeurs ceux-mêmes qui auront obtenu jusqu'à 5,000 voix de majorité. Nous pèserons sur le suffrage universel, en faisant parcourir les départements les plus récalcitrants par une commission d'enquête. Elle aura pour

mission de rechercher jusqu'aux plus petites fautes com-
mises par les conservateurs, mais elle devra laisser de
côté toutes les vilenies dont nous nous serons rendus
coupables. Au lieu de juges cherchant la vérité, ce seront des inquisiteurs fermant l'oreille à toutes les ré cla-
mations de leurs adversaires condamnés d'avance. Nous
garderons provisoirement pour ministres les hommes
du centre gauche, qui, avec la plus grande bonne foi,
parleront de concorde, d'apaisement, de paix, d'ère de
prospérité, et qui publieront des circulaires toutes plus
édifiantes les unes que les autres, recommandant la
justice, l'abstention du gouvernement dans toutes les
élections, tandis que la plupart des fonctionnaires que
nous aurons fait nommer, se serviront plus ou moins
de leur influence pour diriger ces mêmes élections. Si
les conservateurs crient, nous crierons encore plus fort
qu'eux.

» Nous refaucherons, comme nous l'avons déjà fait,
juges de paix, maires, gardes-champêtres et jusqu'aux
magistrats eux-mêmes. Nous organiserons avec ces bons
socialistes, les grèves, les révoltes, les assassinats de
têtes couronnées, dussent-elles appartenir à des vieil-
lards de quatre-vingts ans. Nous attaquerons le Sénat,
nous tâcherons de l'annihiler jusqu'au moment, peu
éloigné d'ailleurs, où il aura, lui aussi, une majorité
radicale.

» Ce dernier pas fait, nous balayerons le Maréchal et
les hommes du centre gauche, et l'ère de prospérité
annoncée depuis si longtemps, apparaîtra enfin à tous les
regards éblouis : amnistie complète et récompense
nationale pour tous nos communards qui, en face du

drapeau prussien, ont tiré sur des soldats français; massacre d'otages, feux d'artifice au pétrole, embrasement général de tout Paris, gâchis, chaos complet, grèves, faillites, socialisme, guerre civile, et au milieu de toutes ces ruines la République sombrant et disparaissant pour toujours. C'est là. si je ne me trompe, sire, le résultat que vous désirez et que je me fais fort d'obtenir. » Et Basile, rayonnant d'enthousiasme et de fierté, avait jeté loin de lui son énorme et ridicule chapeau, et se montrait tranfiguré à tous les regards surpris.

—Misérable coquin ! s'écria le Béarnais, incapable de se contenir, tu as fait des progrès depuis que tu as guidé le poignard de Ravaillac. N'importe, on ne me persuadera jamais que la France, ce noble pays de la gloire et de l'honneur, puisse tomber aussi bas.

—Tu es, il faut l'avouer, Basile, reprit Voltaire, une franche canaille. Ton plan n'est pas mal charpenté. Tu n'as oublié qu'une chose, c'est que dans toutes les contrées, surtout dans la nôtre, on se lasse de tout, même de la calomnie et des gredins. Tu nous reviendras battu, bafoué, et au milieu d'un immense éclat de rire. »

Basile ne répondit pas, mais jeta sur Voltaire un mauvais regard.

« Méprise ces injures, dit enfin Lucifer, sortant de ses réflexions; tu es vraiment plus fort que je ne l'avais pensé. J'approuve tes projets, je te donne ma confiance entière; et je t'aiderai de tout mon pouvoir. Va, pars, et que tous les diables de l'enfer soient avec toi. Mais avant de partir, je te dois une récompense; choisis, et quelle que soit ta demande, elle est accordée d'avance.

— Pour moi, sire, répondit Basile, en reprenant son air cafard ; je ne demande rien, je suis un pauvre homme, et n'ai d'autre ambition que celle de vous bien servir ; je vous prie de reporter toutes vos faveurs sur Voltaire. Accordez-lui, outre les bains dont il a la jouissance, tous ceux dont je vais être privé par suite de mon absence.

— Il sera fait suivant tes désirs. »

Basile, après s'être incliné, sortit tout triomphant, accompagné par une foule de diablotins qui chantaient en chœur : « Allez vite, cher Basile, vous coucher dans un bon lit. » Et Basile, visiblement flatté, se retournait gracieusement, et fredonnait : « De vous plaire, il est facile ; adieu, Messieurs, jusqu'au revoir. »

« La séance est finie, il faut partir, me dit mon guide, » et reprenant sa forme première, il m'enleva dans ses bras vigoureux. En un instant nous fûmes dans la région des brouillards : « Tu t'es parfaitement comporté, reprit alors mon compagnon, ce qui est toujours facile quand on sait garder un silence prudent. Je visiterai l'Exposition, et si j'ai le temps, j'irai te dire bonjour. Pour te laisser un bon souvenir, et pour te disposer à me bien recevoir, je vais te débarrasser des ennuis du voyage. » Et d'un coup d'aile violent il nous étourdit. Le lendemain, nous nous levions gai, dispos, nous tâtant de tous côtés et constatant avec plaisir qu'un voyage en enfer est encore moins fatigant qu'un voyage en chemin de fer.

Quelques semaines se sont à peine écoulées depuis notre retour sur la terre, et nous sommes déjà, hélas ! obligé de constater, non sans tristesse, que Basile n'a pas trop vanté son savoir-faire. La moitié de son programme est actuellement réalisée avec une largeur et une ampleur qui ne laissent rien à désirer.

1° Le ministère du 16 mai a adopté franchement et loyalement les candidatures officielles qui, comme nous l'avons démontré, sont parfaitement légitimes, et qui s'imposent et s'imposeront toujours à tout gouvernement établi. On a crié à la pression et à la tyrannie.

2° Le Maréchal a été accusé d'être clérical, de vouloir la guerre et le rétablissement du pouvoir temporel. C'était une calomnie, le doute n'est plus possible.

3° Le Maréchal et les ministres ont été dénoncés comme étant les auteurs responsables de la crise commerciale. Or après la chute du ministère, la crise a continué, et est même devenue plus aiguë. C'était donc encore une calomnie, il est impossible de le nier.

4° Presque tous les candidats conservateurs ont été accusés de vouloir ramener la dîme et les abus de l'ancien régime. Cette troisième et dernière calomnie a été colportée jusque dans les plus petits villages et a exercé sur les électeurs de la campagne une influence considérable. Ce fait est avéré, et il faudra que les membres de la commission d'enquête se bouchent les oreilles pour ne pas en entendre parler, et pour ne pas le mentionner dans leur rapport.

Ces trois calomnies, sans compter les autres faits répréhensibles qui ont été dénoncés à la tribune (élections Bartoli, Douville-Maillefeu, Gavini, etc.), ont exercé sur les élections en général une pression énorme. Cependant la majorité républicaine a :

1° Validé sans aucune exception tous les candidats

républicains, même ceux qui n'ont eu qu'une voix de majorité.

2° Invalidé un grand nombre de candidats conservateurs, même ceux qui ont eu jusqu'à 5,000 voix de majorité.

En agissant ainsi, en opprimant la minorité, sans parler de l'injustice dont elle s'est rendue coupable, injustice qui, par la suite, autorisera des représailles déplorables, elle a commis une grande faute politique : ces invalidations systématiques ont, en effet, diminué son prestige sans rien ajouter à sa puissance. Ce qu'elle peut maintenant, elle le pouvait avant.

Quoi qu'il en soit, il ne reste plus à Basile qu'à mener à bonne fin la dernière partie de son programme, partie, il est vrai, la plus délicate et la plus difficile. Il trouvera sans doute quelque résistance, mais il a pour lui bien des chances. Les élections sénatoriales qui vont avoir lieu prochainement seront, nous le prédisons d'avance, tout à l'avantage des gauches ; les conservateurs seront battus.

Le centre gauche se trouvera alors en présence d'une majorité républicaine ou radicale, non-seulement dans la Chambre des députés, mais encore dans le Sénat. Il n'aura plus aucun point d'appui. Grâce à lui, la puissance, ou l'influence, si l'on aime mieux, du Maréchal a été annihilée ; grâce à lui encore, la majorité conservatrice du Sénat aura disparu. Quel contre-poids pourra-t-il opposer aux entreprises des radicaux ? Sa petite phalange et la personnalité plus ou moins importante des membres qui la composent ! Hélas ! ce ne sera pas suffisant, en supposant même que ces membres se montrent aussi résolus et aussi désintéressés qu'ils ont été, jusqu'à présent, timorés et avides de places et d'honneurs.

Les nuages qui portent la tempête se montrent déjà à l'horizon ; malgré quelques éclairs qui sillonnent le ciel, l'ordre et la tranquillité règnent cependant encore, mais c'est le calme précurseur de l'orage. Conservateurs, faites un pas en avant, reconnaissez franchement qu'en ce moment du moins, la République est seule possible. Que pouvez-vous mettre à la place ? — Rien. — Que pouvez-vous faire ? Susciter quelques difficultés sans aucune utilité pour votre cause ? A quoi bon ? Vous allier aux radicaux afin d'en finir le plutôt possible ? Ce serait d'abord manquer de patriotisme, et de plus, après la catastrophe, seriez-vous moins divisés, seriez-vous moins impuissants ? Hélas ! non, vous vous trouveriez absolument dans la même position qu'aujourd'hui.

Quant à vous, hommes du centre gauche, allez franchement au-devant des conservateurs ; ce sont vos alliés naturels. N'êtes-vous pas victorieux ? votre cause n'est-elle pas triomphante ? Faites donc les trois quarts du chemin, et s'il faut absolument donner quelques-unes de ces places, quelques-uns de ces portefeuilles que vous aimez tant, n'hésitez pas, donnez, le bonheur d'une grande nation comme la France et la conscience d'un devoir rempli, valent bien la possession d'un pouvoir entouré de tant de tracas et de tant de soucis. Unis aux conservateurs et vous appuyant sur la partie saine de la nation, vous pourrez imposer vos volontés. Séparés d'eux, vous serez emportés, et la République fera place à une nouvelle dictature.

Nous finissions de tracer ces lignes, quant tout à coup

un beau jeune homme, ganté, frisé, parfumé, mis avec
un goût exquis, un vrai gentleman, en un mot, appa-
rut à nos regards surpris. C'était le diable, notre ancien
compagnon de route.

« Tu me reconnais, dit-il.

— Parfaitement.

— Je vais à l'Exposition. Tiens ! ajouta-t-il en se
penchant sur la table, tu fais une brochure ?

— Oui.

— Veux-tu que j'y mette une apostille ?

— Mets.

— C'est mon droit, du reste, car tu parles de notre
voyage. »

Et prenant la plume, il écrivit en gros caractères, au
bas de nos derniers mots: *Vox clamat in deserto.*

« Sur ce, dit-il, adieu, ou plutôt au revoir ; je revien-
drai. »

Et il disparut.

Châteauroux, le 12 août 1878.

CHATEAUROUX. — TYPOGRAPHIE ET LITHOGRAPHIE A. NURET ET FILS.